AF563765

DES MOTS

VIDES DE SENS.

LE MANDAT, LE SERMENT, ETC., ETC., ETC.

> Jamais de pareilles questions ne se décident que par le fait. Les évènemens commandent ; les hommes exécutent : et après cela, ils comprennent, s'ils peuvent. (M. de la Mennais, *Avenir*, 28 mai.)

PARIS,
A. PIHAN DELAFOREST,
IMPRIMEUR DE LA COUR DE CASSATION,
rue des Noyers, n° 37.
1831.

Sachons profiter des leçons que la Providence nous donne! Reconnaissons et expions nos fautes. Nobles, prêtres, royalistes, catholiques de toute nuance, mettons la main sur la conscience; scrutons-la sévèrement, au lieu de nous rejeter toujours sur les torts de nos adversaires. Etait-ce bien pour le bonheur du pays, pour l'affermissement de la justice et de la paix, que nous voulions voir la royauté si puissante? ou bien n'était-ce pas surtout pour qu'il en découlât sur nous, quelque chose? beaucoup d'entre nous ne s'étaient-ils pas corrompus dans les intrigues, les plaisirs et les vanités? l'avidité, l'égoïsme ne s'étaient-ils pas glissés parmi nous? voici que le temps est venu de recouvrer les vertus qui nous manquaient, le désintéressement, l'esprit public, le patriotisme. L'honneur nous défend d'aller mendier les faveurs de ceux qui ont renversé le pouvoir que nous aimions; il nous tiendra loin de la cour, en dehors du gouvernement, mais non dans l'oisiveté d'une vie inutile.

Notre devoir et notre intérêt nous font aujourd'hui les hommes du peuple : étrangers à l'ambition et à ses illusions, nous pouvons juger les questions de chaque jour avec plus de droiture et de fermeté. La justice, l'humanité, la liberté, la religion, intérêts sacrés de tous les hommes, voilà ce que nous sommes appelés à défendre contre tous les partis, contre tous les gouvernemens. C'est ainsi que le peuple apprendra à nous connaître et à nous mieux juger : et quand il aura vainement cherché le bonheur et le repos dans toutes les combinaisons de l'anarchie, il viendra de lui-même à nous, pour que nous le sauvions; et, nous pourrons le sauver, nous pourrons le régénérer : car nous nous serons régénérés nous-mêmes. (*Le Correspondant*, mai 1830.)

« Les députés et les électeurs ont un pouvoir « créateur. Ils veulent au nom du peuple.... Les « électeurs sont la pensée du peuple pour les « choix, comme les députés sont sa pensée pour « les lois. » (M. de Pastoret. Ventôse, an V.)

Il n'y a que le peuple. On doit tout faire pour lui; on ne peut rien faire par lui.

En lui résident le droit absolu, le droit incréé; de lui émanent le pouvoir relatif, le pouvoir concédé.

Les électeurs sont ses représentans directs, et les députés ses représentans médiats.

Les électeurs composent le peuple, bien que par extrait; les députés procèdent du peuple, bien que par intermédiaire.

De là, les députés n'ont aucun pouvoir sur les électeurs; de là aussi, les électeurs n'ont aucun pouvoir sur les députés.

Le droit est confiné au peuple, est absorbé par le peuple.

Chez les députés, chez les électeurs, le devoir seul existe, et n'existe qu'envers le peuple.

Plus de mots voileraient l'évidence : c'en est assez pour mettre à néant, la valeur du mandat, du serment.

Cependant les hommes, les corps surtout, sont envahisseurs, sont usurpateurs.

Ainsi la chambre prétend infliger un serment aux électeurs; ainsi les colléges prétendent imposer un mandat aux députés.

La loi du talion est mise en pratique, ce semble, par les parties contendantes.

Mais voyez les suites.

Encore la formule, intitulée du nom de serment, n'engage qu'à la fidélité, à l'obéissance, ne s'applique qu'au prince vivant et à la charte existante.

Attendez, et la formule va obliger à maintenir, à défendre, à vaincre ou périr.

La formule va s'appliquer aux princes à naître, aux chartes à faire.

De même, le mandat se limite jusqu'à présent à trois ou quatre prescriptions générales.

Attendez, et il va s'élever jusqu'à la rédaction des lois, jusqu'à la discussion des dépenses, jusqu'aux déclarations de guerre.

Puis il va s'abaisser aux intérêts spéciaux et locaux, à l'abolition d'un impôt, à la création d'une route, etc., etc.

Qui sait même si, quelque beau jour, le serment n'astreindra pas à renommer les députés; si le mandat n'obligera pas à donner une place à chaque électeur?

Alors que le principe est absurde, les conséquences deviennent de plus en plus absurdes.

C'est tout intervertir.

A priori, rien n'existe que le peuple : le peuple est la société même, fait à lui seul la cité.

Le peuple est l'essence, fait la substance ; ailleurs il n'y a que fiction, que convention.

A posteriori, apparaissent le corps électoral, la chambre élective ; non pas à titre d'ayant-droit, mais à titre d'ayant-devoir.

La chambre est instituée par voie d'élection ; le corps est constitué par voie de sélection (1).

Le premier mode est patent et matériel ; le second est occulte et mental.

Ici la loi prend charge de désigner, de limiter les votans ; là les votes sont chargés de déléguer, de transférer le pouvoir.

Avec le même scrupule, les votes ont à se porter sur le plus digne, et les votans sont à prendre dans les plus capables.

Il y a choix dans la sélection, comme dans l'élection ; seulement l'opération est synthétique ou analytique.

Il faut que la démarcation soit tracée, pour que tels et tels deviennent votans.

Il ne se peut que les votes s'éclairent, s'entendent, s'accordent à l'effet de produire la loi.

---

(1) SELECTION : Choix, triage après examen. (*Dict. de Baudouin.*)

En tout, la nécessité commande jusqu'à un point quelconque, et par-delà elle ne domine plus.

On doit marcher avec elle, s'arrêter avec elle.

Or le serment, le mandat restent hors ligne.

Les électeurs, les députés sont censés représentans, sont représentans supposés du peuple.

C'est par fiction, par convention, par présomption : il n'y a ni vérité, ni réalité.

Au moins, qu'ils demeurent libres, qu'ils se tiennent indépendans.

En envahissant les uns sur les autres, ou en se coalisant entre eux, ils trahiraient leur mission, ils perdraient leur autorité.

L'usurpation du pouvoir emporte l'abdication du droit.

Cependant le corps électoral, la chambre élective étant seuls en exercice, ayant toute la force, deviendraient despotes, tyranniques.

La plus hideuse, la plus ignoble olygarchie s'élèverait sur les débris confondus des deux souverainetés ennemies.

Plus de prince, sinon pour servir d'instrument à l'ambition; plus de peuple, sinon pour offrir une pâture à la cupidité.

Et c'est le mandat, c'est le serment qui ouvrent cette ère d'opprobres et de désastres.

Ainsi la chambre agit sur le corps, et le corps réagit sur la chambre.

Ainsi s'établit une alliance indue, une harmonie

inique, dont le terme aboutit tôt ou tard à quelque insurrection populaire.

Remède plus funeste que le mal même.

Le député tient son droit du peuple même : il ne tient que son titre du corps électoral.

D'abord candidat, il s'offre devant les collèges : il est ou n'est pas nommé.

Le scrutin étant clos, tout est fini entre lui et eux : de même, s'il a été accepté, comme s'il a été rebuté.

L'électeur agit en vertu d'une délégation tacite, qui est limitée à l'acte, qui est terminée par le fait, de l'élection.

Il est le mandataire direct et spécial du peuple ; le député est le mandataire du mandataire, est le représentant au second dégré, du peuple.

Les électeurs ont reçu le mandat du peuple, à l'effet de faire les choix : les députés reçoivent le mandat du peuple, à l'effet de faire les lois.

Et les deux mandats sont concédés par assentiment, sont légués à la conscience.

Il appartient à la conscience de les remplir, suivant ses lumières, selon les circonstances.

Tout autre mandat est invalide, est nul. S'il s'accorde avec la conscience, à quoi sert-il ? S'il la contrarie, comment lui obéir ?

En point de droit, le mandat des électeurs se montre donc ou comminatoire ou attentatoire.

En point de fait, il se trouve frauduleux : et c'est ici, une fin de non-recevoir incontestable.

Les électeurs (veuillons le supposer) apparaîtront riches en capacité, et forts de loyauté.

Ils seront la pensée du peuple pour les lois, comme ils l'ont été pour les choix.

Fort bien : mais les électeurs font un corps ; mais un corps ne sait ce qu'il veut, qu'après une discussion, ne dit ce qu'il veut que par une résolution.

Or, la discussion libre et pleine, la résolution claire et nette ne peuvent avoir lieu.

Dans la salle électorale, la bouche est close : ailleurs, toute règle, toute forme manquent.

Un tiers, deux tiers du nombre ne se présentent pas, ou n'interviennent pas.

L'avis tout excellent qu'il puisse être, se trouve l'avis de la majorité d'une assemblée qui ne fait que la minorité du collège.

Ce n'est plus le corps électoral, osant agir sans droit, sans titre.

C'est la minorité de ce corps, osant parler au nom de la majorité.

Vous qui faites la loi, voilà comment la loi vous serait faite.

Vous qui avez tout le pouvoir de la nation, qui n'avez de devoir qu'envers la nation, voilà comment une fraction, c'est-à-dire une faction, prétend se servir de votre pouvoir et vous prescrire votre devoir.

La minorité : tel est l'écueil sur lequel est prédestiné à se briser, à se perdre, l'esquif hasardeux de la souveraineté du peuple.

D'autant qu'il est chargé de voiles et que le vent souffle en poupe, d'autant le péril est plus prochain, le désastre plus complet.

A Paris, à Bruxelles, à Varsovie en 1830 ; à Cadix, à Naples, à Turin en 1820, en tout temps, en tout lieu, cela se passe de même.

Voyez poindre l'émeute. Qu'est-ce encore? à peine quelques gens éparpillés, quelques cris entrecoupés.

Mais l'autorité se laisse ou se fait battre : et en juste mesure, la foule s'amasse, s'amoncèle.

C'est une révolution.

La boule de neige en rend l'image.

L'ancienne nation n'a pas fait le mouvement : au contraire, le mouvement fait une nation nouvelle,

Le sol du passé s'écroulant sous les pieds, de force on s'élance au vague de l'avenir.

Alors viennent les obstacles, les embarras : alors surviennent les mécomptes, les inquiétudes.

Et les regrets, les remords accourent, qui jamais ne devancent, qui toujours accompagnent les revers.

La ferveur, la tiédeur, de même désapointées, tournent, l'une à la frénésie et l'autre à l'apathie.

En 1788, 89, 90, 91, 92 et 93, se montrent les phases successives d'ascension et de déclinaison.

On voit d'abord la minorité, la majorité, la presque unanimité : puis on voit la marche inverse, jusqu'au degré extrême.

La France est dans la même route, est déja sur le penchant, est bientôt au fond de l'abîme.

Qu'on y prenne garde, qu'on s'arrête à propos ; car c'est là où aboutirait la pratique abusive du mandat.

Dans les colléges, on doit faire les choix, et non pas les lois.

Déja, il est trop difficile, presque impossible que les choix soient faits vraiment par la majorité.

A-t-elle des notions ? a-t-elle une opinion? a-t-elle une volonté? il ne faudrait pas moins que toutes ces conditions.

A défaut, la majorité vote de la plume, mais sous la dictée.

Ce serait mille fois pis quant aux lois.

Eh bon Dieu ! la chambre d'élite y entend à peine : et décrète tantôt blanc, tantôt noir, n'hésitant point avant, se repentant vite après.

Pourtant, il n'y manque ni comités, ni présidens, ni tribune, ni sonnette.

Y a-t-il ou n'y a-t-il pas un serment? est-ce ou n'est-ce pas un serment? questions oiseuses!

Tout cela est d'un ordre secondaire, subalterne.

Le droit, le devoir existent : l'un et l'autre essentiel, immuable, suprême.

Le droit ne peut être restreint par personne : tous sont astreints au devoir.

L'homme est du pays : voilà le devoir. Le pays est à l'homme; voilà le droit.

La masse est composée de fragmens : les fragmens se combinent en une masse.

Le pays, l'homme, c'est le tout et c'est la partie; qui ne sont pas l'un sans l'autre, qui ne sont que l'un par l'autre.

Il y a plus qu'union : il y a unité.

Vienne maintenant une loi, suivant laquelle l'homme n'est plus du pays, et le pays n'est plus à l'homme : sauf l'accomplissement de certaines conditions.

Qui donc a fait cette loi?

Même la souveraineté nationale, en recensant les têtes, en recueillant les votes, homme par homme, n'en aurait pas le droit.

Même l'unanimité des volontés, moins une

seule, ne serait pas en droit d'expulser ainsi de la cité, cette seule volonté.

La majorité est douée de toute puissance quant à la confection des lois; elle est dénuée de tout pouvoir quant à la coopération aux lois.

L'exercice d'un tel pouvoir mènerait à l'absurde.

Au moyen de l'élimination de la minorité, l'ancienne majorité étant devenue la totalité, verrait se former en son sein une nouvelle majorité.

Laquelle autorisée par l'exemple, éliminerait aussi la minorité : sans qu'il y eût jamais de terme au dédoublement successif, avant que la totalité fût réduite à l'unité.

Ici, c'est tout autre chose encore.

La révolution a été opérée à l'improviste par la minorité : la majorité ne s'est point prononcée en liberté sur la révolution.

On doit l'avouer, il n'était pas possible de se comporter autrement, et de consulter la nation au sujet de l'ordre nouveau.

Avant le fait, il n'y avait pas lieu à lui demander son avis : après le fait, elle n'était plus à temps de donner la réponse!

Comme aussi il faut reconnaître que de cette fatalité des choses, dérive la plus haute maxime sociale.

Tout ordre nouveau étant installé par la force, provoque et légitime les attaques.

L'acte dont il émane, emporte la suspension, si ce n'est la violation du droit.

Le droit ne renaît, ne reprend qu'autant que le principe est consacré par l'assentiment du temps, et que les conséquences enchaînent par le fait, tous les intérêts.

Jusque-là, nulle différence ne se rencontre entre la révolution politique et la conquête militaire; de même il y a des vainqueurs et des vaincus, soit en dehors, soit au dedans de la société.

Or la mesure du temps qui consacre, est proportionnée à la marche du fait qui enchaîne, et par conséquent se montre inégale, variable.

En fait de conquête, les Grecs et les Américains, après deux et trois cents ans, ainsi que les Belges et les Polonais après quinze et trente ans, sont moralement dans la même position.

En fait de révolution, les Suédois depuis vingt ans, et les Portugais depuis cinq ans, se présentent au pair des Français, à la quinzième année de l'empire, à la première année de la monarchie actuelle.

Si quelque exception devait être faite, c'eût été certainement pour la restauration, comme n'étant que le rétablissement d'un ordre établi pendant huit siècles.

Et cependant on ne cesse d'exalter les conspirations ourdies contre elle; on se vante d'y avoir coopéré.

A plus forte raison, nul ne s'est avisé de blâmer la Vendée en 1793 et 1815 : même chacun l'eût admirée en 1830.

Seulement, on l'aurait combattue, on l'aurait domptée et subjuguée, alors comme autrefois, s'il y avait eu moyen.

Pour prononcer entre les opinions ou les sentimens, il n'est que la voix d'en haut : autrement, le fait est appelé à trancher la question de droit.

De même que le combat juridique, la guerre civile serait justement désignée sous le titre de jugement de Dieu.

Telle est la loi suprême dans le sens absolu, parmi les peuples, parmi les partis.

L'application dépend de l'appréciation des circonstances. Une victoire certaine et décisive ! un triomphe solide et durable ! il ne faut pas moins pour déterminer.

Chacun est libre, reste libre. Tout est là en principe.

Mais la liberté même peut s'aliéner, comme il arrive par l'acceptation de quelque fonction, de quelque faveur.

Ainsi on se lie de sa pleine volonté, on se lie contre sa volonté future ; y manquer, c'est trahir, c'est se rendre parjure.

Le parjure a lieu sous ces deux conditions, que l'engagement émane de son fait, et s'effectue par un acte.

S'il y a contrainte, il y a nullité : si c'est une formule, ce n'est que pour la forme.

Toutefois le principe de liberté pleine et entière, étant prêt à s'exercer à toute époque, à toute occurrence, doit être régularisé.

Le gouvernement a le droit de se défendre, ainsi qu'on a le droit de l'attaquer.

Et il est obligé à se tenir en armes, à se mettre en mesure pour le cas advenant ; il est amené à élever des soupçons, à exercer la surveillance, à user de l'arbitraire.

Même, sans éprouver de crainte pour son existence, il lui faut garantir le maintien de la paix publique contre les entreprises violentes et partielles.

Si de tous les points extrêmes, on nie ce devoir, on renie ce droit, c'est que l'indépendance absolue s'est insinuée dans les têtes, à la place de la liberté relative ;

C'est que l'autorité, égide tutélaire de l'association, est repoussée par chaque parti agressif.

Sortir de là ou y périr : telle est l'alternative.

Jadis l'émigration avait tranché le nœud pour ceux qui partaient, non sans l'embrouiller pour ceux qui restaient.

Les suites en sont connues, et doivent instruire.

Distinguons le citoyen et l'habitant, l'un qui est installé dans l'Etat, l'autre qui est attaché au sol.

Ce dernier a des droits aussi, des devoirs aussi, bien qu'en un degré inférieur.

A son insu, et non sans dépit peut-être, il est citoyen en quelque façon.

Sa propriété, sa liberté, sa sécurité, sont garanties : en retour de quoi, il paie l'impôt, il monte la garde, etc., etc., etc.

Dans les temps de révolution, un lien spécial, un acte formel, sont exigibles en outre.

A Dieu ne plaise que ce soit un serment! *mot qui nous est venu d'un temps qui n'est plus le nôtre.* (*Le National.*)

Une promesse, une parole d'honneur suffit.

Or les engagemens envers l'ordre légal actuel, ou plutôt avec l'ordre social essentiel, sont de plusieurs sortes.

Dans l'association de l'Est, il était question de maintenir à tout prix, à tout risque.

Ce qui ne plairait pas à tout le monde, ce qui en certaines circonstances ne conviendrait plus à personne.

Dans les colléges, on jure fidélité à l'homme, puis obéissance à la chose.

Ce qui est irrégulier, sous l'empire des maximes adoptées; ce qui devient incompatible, si l'homme et la chose allaient être ou semblaient être en opposition.

Et pourquoi veut-on faire jurer obéissance à la charte, qui ne commande rien; obéissance aux lois, qui ont la force en main?

Et comment l'entend-on, en faisant jurer fidélité? Le mot est à double sens, ou d'un sens vague.

Signifie-t-il de défendre ou de ne pas attaquer? Est-ce un engagement de se rendre auxiliaires ou de se tenir neutres? Nul ne le sait.

En n'exigeant pas au-delà du juste, du possible, la promesse serait mieux accomplie.

Entre tous les êtres qui vivent sur le sol, qui vivent du sol surtout, il y a communauté virtuelle.

S'ils diffèrent sur des points politiques, ils s'accordent quant aux rapports civils.

Qu'on ne les oblige pas à défendre au prix de leur sang l'ordre nouveau, qu'ils haïssent.

Qu'ils s'obligent plutôt à ne pas attaquer à main armée l'ordre actuel, qui les protège.

Si ce n'est un devoir, du moins c'est un besoin.

Point de paix, sous la menace permanente des troubles; sans la paix, point de sûreté pour les personnes, les fortunes.

Du reste, toute liberté leur est laissée moralement, politiquement.

Comme orateur ou écrivain, comme électeur ou député, comme propriétaire ou industriel, ils ont titre à faire valoir leurs opinions.

Peut-être n'est-il pas d'autre moyen de prévenir le retour des mesures arbitraires.

Autrefois l'émigration au-dehors, ou la scission violente, avait fourni le prétexte le plus plausible.

Maintenant l'émigration au-dedans, ou la sépa-

ration tacite, fournirait un motif à peu près aussi valable.

En tout cas, chacun serait maître de s'y refuser : alors ne perdant point son droit à la protection des lois ; et seulement, suivant les lieux et les temps, donnant le droit de le mettre en surveillance.

A son gré, chacun se déclarerait en état de neutralité ou d'hostilité, se soumettrait aux conditions respectives.

Ainsi le droit des gens, dès long-temps consacré parmi les peuples, viendrait à s'établir parmi les partis.

Ainsi, s'il y avait prise d'armes, ce serait de bonne guerre ; et la guerre civile, souvent plus légitime que la guerre étrangère, se ferait en une façon analogue.

Mais qui donc n'y consentirait pas ?

Qui donc, ne verrait pas que de l'abîme des crises sociales, doit jaillir de nécessité un sceptre de fer, qui comprime et opprime à la fois ?

Qui donc, à l'aspect de cette couronne reforgée au foyer des guerres civiles, sous le feu de la plus ardente mêlée, ne se précipiterait pas au-devant de la jeune tête dévouée, s'écriant :

« Cher prince, gardez-vous ; écartez votre « front : répudiez le diadême embrasé ? »

Le mandat est illicite en principe et frauduleux en pratique, est donc nul.

Le serment ou la promesse, ou l'engagement, ou la déclaration (expressions synonymes), est tantôt valide, tantôt invalide, suivant qu'il y a ou qu'il n'y a pas liberté d'intention et possibilité d'exécution.

A l'égard de la pairie, l'engagement aurait dû être relatif à la personne, et non à la chose.

Le candidat commet un sacrilège, en aliénant son droit de coopérer aux lois.

Il consent seulement à un sacrifice, en délaissant son espoir de participer aux faveurs.

C'est de lui-même que devait venir l'engagement de ne pas accepter la pairie avant sa réélection :

Soit que la voix de l'honneur lui dictât d'écarter toute chance de suspicion ;

Soit que l'instinct de la conscience lui soufflât d'éloigner tout risque de tentation.

Mais comment les colléges n'ont-ils pas tenu à prescrire le sacrifice, et ne se sont-ils pas abstenus d'exiger le sacrilège ?

C'est que les meneurs, trop bien venus, ne songeaient qu'à détruire l'hérédité, ou plutôt à renverser le ministère ;

C'est que des aides puissantes se sont offertes, dans cette envie dont est tourmenté, dans cette vanité dont est possédé le Français;

C'est qu'en outre, après la crise récente, à travers les troubles et les craintes, une puissance occulte pousse à blâmer tout, à se défier de tout.

Entre cette alternative: vive l'hérédité ou à bas l'hérédité! nul n'hésitait.

Tant la volonté est disposée à se prononcer dans le sens négatif, de même qu'éloignée de se résoudre dans le sens affirmatif!

De là, l'engagement loyal n'a pas eu lieu, et l'engagement illégal a pris sa place.

Il n'importe, au reste.

Voilà que nulle promesse valide n'a été donnée, et que la chambre s'assemble, et que la discussion s'ouvre sur la pairie.

Quel est le premier sentiment à jaillir de tous les bancs, le premier mouvement à courir de banc en banc?

On ne se rend pas juge en sa propre cause; on n'use pas du pouvoir à son profit; on fait la loi à tous et pour tous.

L'assemblée constituante a poussé le scrupule jusqu'à cet excès fatal, de prohiber l'élection de ses membres.

Or, en fait de générosité, de magnanimité, 1831 ne restera pas tellement en arrière de 1791.

Il y aura unanimité, ici par loyauté, là par honte ou par crainte, ailleurs par indifférence.

D'emblée, la chambre va décréter qu'aucun de ses membres ne pourra être promu à la pairie qu'un an après la dissolution.

Autrement, le prince n'élirait plus, n'opérerait plus un choix.

Tels et tels députés se nommeraient eux-mêmes, faisant la loi à l'opinion de leurs collègues, puis à la volonté du prince.

Et bientôt la lumière percerait, la foudre éclaterait: un 7 août se referait.

En sorte que la peu chanceuse pairie, toujours manœuvrée à rebours de ses fins, souvent manœuvrant en-dehors de ses voies, déja attaquée, encore ébranlée, succomberait.

Que le pouvoir, quel qu'il soit, l'apprenne enfin.

Altérer l'ordre, violer la règle, c'est son habitude; et c'est sa nature de s'user par l'emploi, de s'éteindre sous la main.

D'autres gens s'en saisissent, qui, altérant et violant de même, vengent outre-mesure l'ordre et la règle.

Ainsi la création de pairs en 1827 et l'élimination de pairs en 1830, sont deux scènes d'un seul acte.

Ainsi la censure enfanta la licence, et le licenciement portait la révolution.

Mais le péril sera prévenu. Au nombre des députés, trois cents au moins n'ont pas de prétentions à la pairie; chez eux la bonne foi, le bon sens, parlent seuls.

Certes, la patrie ne sera pas livrée aux gens d'intrigue; certes, la chambre ne manquera pas aux lois de l'honneur.

Qu'on se tienne en paix.

Venons au fond.

Et d'abord disons que c'est une question de fait et non de droit ; *qu'il n'y a que des questions de temps chez les hommes. (Quotidienne.)*

Alors que le fait a éclaté avec ses foudres, rien ne survit du droit, qu'un vague écho.

Attendez. Ou le fait sera mis à néant, frappé d'un coup en sens inverse : ou le fait, venant à prendre racine, produira un droit analogue.

Ici, ce dernier cas est supposé.

Or, qu'on ne tente pas d'appuyer le fait nouveau sur les étais de l'ancien droit, qui n'ont plus de bases.

Tout est changé. Les mêmes besoins comme les mêmes moyens, n'existent plus.

« Arrière donc, ces deux espèces d'hommes d'Etat, qui n'entendent pas leur métier, ou n'entendent pas leur devoir.

« Les uns fauteurs de la révolution, dont le génie s'est épuisé ce semble, dans l'acte de la conception, manquent à sustenter leur œuvre à peine naissante.

« Les autres martyrs de la fatalité, sont parvenus seulement à se résigner, et s'arrêtent au rôle de spectateurs, ne s'élèvent point au rang d'acteurs.

« Tous de même, laissent aller la chose publique à travers les hasards périlleux, ou la font aller suivant des règles surannées.

« Nul ne voit que la puissance inexorable du fait, a tout culbuté, a transporté le salut où résidait la perte. » (*La Loi des circonstances*, octobre 1830.)

Alors ces vérités ont été méconnues et probablement, elles le seront maintenant.

Partout, toujours, l'homme perd la chose ; et partant, se perd lui-même.

A l'envi, on se fait une passion, de sa religion ; et une religion, de sa passion.

De bonne foi, l'intérêt est pris pour le droit, comme les vœux se confondent avec les espoirs.

Et la raison est tenue sous le joug, la conscience se met au service, de la personnalité.

Ainsi, les propriétaires et même les industriels, ont craint la rivalité des classes instruites : et, en les jetant en dehors, ont réussi à les rendre ennemies.

Au lieu que Napoléon, meilleur juge, avait formé les collèges des *dotti*, des *possidenti*, des *commercianti*.

Ainsi, un grand nombre d'êtres puissants, défendront l'hérédité de la pairie.

Les uns qui en sont investis et n'ont pas conçu

encore, qu'*à fortiori*, une pairie de quinze ans s'écroule avec une royauté de huit siècles :

Les autres qui se bercent d'espoirs vaniteux, et ne cessent pas de croire qu'ils ont le droit d'y être admis, qu'ils auront le moyen de s'y maintenir.

C'est justement le contraire.

Quant à ceux-là, on ne peut nier les préventions, les répugnances attenantes à leur origine.

Quant à ceux-ci, ils s'attribuent des titres de mérite. Ils ne possèdent que des titres à l'envie, parfois à la haine ou au mépris.

L'envie s'émeut contre toute personne : et c'est un tort, c'est un vice.

La haine ou le mépris s'élèvent contre certaines gens : et ce n'est pas une faute, pas même une erreur.

Nul n'est appelé par l'opinion : voilà le mot fatal.

Où rencontrer le renom ? Comment s'accorder sur les talens, les services ? en aucun lieu ! par aucun moyen !

Il a été fait place nette. Le niveau a passé maintes fois, sur toutes les existences morales et politiques.

L'espèce s'est vue égalisée et rapetissée à la taille moyenne.

D'autant, il serait émis de ces pairs-là ; d'autant la pairie serait abattue, assommée sous le poids.

Mais d'avance, la pairie a été gâtée, perdue.

Elles n'ont pas été comprises à temps, ces paroles prophétiques.

« Il n'y a pas loin de la dégradation de la pairie, à la dégradation de la royauté. » (*La Pairie*, juillet 1827.)

Du même coup, la pairie, la royauté ont été tuées : leur résurrection n'aurait lieu qu'ensemble, jamais à part.

En attendant, le nom même est à changer. A un sénat usé, la pairie succéda : à une pairie finie, que le sénat soit substitué.

Et il faut puiser à une autre source. Le trône est trop jeune pour enfanter : il emprunte encore, il ne prête pas déja, la puissance.

Disons tout.

Ce qui était, n'étant plus, ce qui devait être ne peut plus être.

Deux points sont en dehors de toute preuve, au-dessus de tout doute.

L'impossible, le désirable : les voilà.

L'impossible est de l'ordre absolu. La fatalité en pose les barrières et les tient hors d'atteinte.

Le désirable au contraire est de sorte relative : sa loi étant morale, est contrainte de céder devant la loi matérielle de l'impossible.

L'impossible se démontre, rien qu'en l'exposant ; le désirable ou l'utile ne s'établit qu'à grande peine et non sans grand risque.

Attendu qu'il lui faut friser pour ainsi dire, et côtoyer l'impossible, sans pourtant l'aborder ou le heurter.

De là, dérive cette maxime incontestable: suivre la ligne de l'utile et du juste, sous les limites du possible.

Et nul parti ne l'entend ainsi; et tout parti, en aspirant au-delà de ce qu'il peut, se voit rejeté au loin de ce qu'il pouvait.

Au sujet de la pairie, ce risque est imminent.

Il manque à respecter la borne absolue de l'impossible, pour atteindre au terme relatif de l'utile.

L'utile est à saisir sous deux rapports: le maintien de l'ordre social, l'examen des lois politiques et civiles.

Quant à ce dernier point, l'organisation quelconque de la pairie porte la pleine garantie.

Il importe peu qu'elle soit héréditaire, ou viagère, ou même temporaire.

Dans chaque corps se forme un esprit: entre deux corps l'esprit rivalise. Cette loi est sans exception.

Quant au premier point, la garantie, quoi qu'on fasse, ne sera jamais qu'approximative.

Le principe de la souveraineté du peuple, installé à titre de dogme suprême, tourne au despotisme, à la tyrannie.

Essentiellement, il est suicide; subséquemment, il devient légicide, liberticide.

Sous son empire, aujourd'hui dévore hier, et demain dévore aujourd'hui, à n'en laisser ni débris, ni traces.

Dès-lors, l'Etat ne peut prendre l'aplomb, ne peut garder l'équilibre que par la lutte de forces bastantes.

Il faut que l'élément de la pairie ou du sénat surgisse de la source même, d'où jaillit l'élément de l'autre chambre.

La vérité caractéristique du siècle vient à propos en 1831, comme en 1826.

« C'est la monnaie du maréchal de Turenne. Ce seul mot établit l'excellence du système représentatif, parce qu'il en démontre la nécessité.

« Turenne meurt : le grand homme s'éteint pour ne renaître jamais de ses cendres. Une semblable fatalité se rencontre dans la marche progressive de la civilisation : à chaque pas qu'elle fait en avant, on voit s'apauvrir le génie, s'affaiblir le caractère, s'amollir la conscience. Il n'y a plus d'homme.

« La volonté telle qu'il la faudrait, n'existe point : les forces physiques sont restreintes, et les puissances morales se nivellent. Plus que jamais les valets font foule, mendiant un signe, se pavanant sous la livrée : seulement le maître manque.

« Dans cette fausse position, il n'y a d'autre ressource que de fabriquer le pouvoir de toutes pièces, d'appeler et rallier des fractions de force, pour en composer un bloc de puissance. (*Le Ministre*, 1826.)

L'homme à part est à laisser : les hommes en masse sont à prendre.

L'État ne peut tenir debout, que par la lutte de forces bastantes, qu'à l'aide de forces qui à la fois, se contrarient, se balancent.

D'où, les forces rivales doivent être issues d'origine pareille ou analogue.

Même, quant à l'élément de la pairie, la consistance, la tenacité sont requises à un plus haut degré, que pour l'élément de l'autre chambre.

Car l'office du premier pouvoir est de mettre arrêt, de retenir et contenir; par cela même que le sort du second, est d'imprimer, de presser le mouvement.

Déja, l'élément de celui-ci est mobile et variable à l'excès, provenant du mode d'élection directe.

Tellement qu'à ne parler que des élections de 1824 et 1827, de 1830 et 1831, si contrastantes entre elles; la France se voit menacée d'une révolution radicale, en l'un ou l'autre sens, à l'avènement de chaque députation.

C'est à quoi on doit parer, à quoi on ne peut parer qu'au moyen de l'institution du pouvoir permanent.

Qu'y a-t-il en France? Rien qu'une poussière d'existences éparses, qu'enlève le souffle du vent et qui s'amoncèle en tourbillon.

« La révolution de 1789, a tout détruit, n'a rien reconstruit.

« Et pourtant l'homme n'acquiert en sagesse, en moralité, en liberté, en richesse, que par la magie des associations. » (*Les Périls du temps*, 1830.)

Il reste à fournir des noyaux d'attraction, à former des centres d'agrégation.

Le sol et le temps ont tracé les provinces : les mœurs et les usages ont rallié les provinces.

L'univers entier en sent le prix, en tire parti : et la France les tient en mépris, en défiance.

Là seulement, réside la liberté civile, la liberté réelle, la liberté générale et constante.

De là seulement, découle la liberté politique, si souvent envahie, si souvent oppressive.

Entre les formes républicaines, tout-à-fait incompatibles, et les formes monarchiques, à peu près impraticables, se présentent les formes fédératives.

La vieille Suisse, la jeune Amérique, montrent le modèle, apportent la preuve.

Devant la nouvelle ère, au milieu du travail le plus laborieux, telle est la voie qui s'ouvre, telle est la fin qui s'offre.

Qu'on refasse donc les provinces.

Que les états provinciaux soient nommés par les cantons ruraux, par les communes urbaines.

Et qu'ils opèrent le choix sous des formes solennelles ; qu'ils méditent le choix à reprises lointaines; qu'ils proclament le choix, d'une voix haute et forte, des membres à vie ou à temps, du pouvoir conservateur et modérateur.

« Les temps présens, si différens des temps passés, portent une leçon toute contraire.

« L'esprit répulsif des pays d'Etat amenait des obstacles; l'esprit exclusif de Paris annonce des désastres.

« En prétendant réduire la France à l'unité, on ne s'est pas douté que, sauf le chef-lieu, les diverses contrées ne représenteraient que des zéros.» (*La Loi des Circonstances.*)

Sans les provinces, point de nation qui sache, qui veuille, qui puisse.

Sans les provinces, point de pairie, point de monarchie, point de patrie.

Nota. On peut voir dans l'appendice, qu'à quatre années de distance, le même principe de l'ascendant moral, dictait et dicte des conséquences qui ne sont dissemblables, qu'en ce que les circonstances sont contrastantes.

APPENDICE.

L'expérience et la raison nous crient d'une commune voix que, soit pour emporter la société hors des voies accoutumées et obtenir des effets extraordinaires, soit pour la maintenir sous les règles établies et consolider son état de repos, c'est l'ascendant moral qui a toujours agi, toujours réussi, et non pas l'impulsion ou la répression matérielles.

Entre ces deux sortes de moyens, l'une fournit des Grecs et des Romains, le Français des croisades et l'Anglais de nos temps, tandis que l'autre façonne des ilotes à Sparte et des esclaves à Rome, le serf de Russie et le nègre de l'Amérique. Qu'on fasse le choix.

Or, quand la magie de la couronne a été affaiblie par la marche des siècles et par les fautes du ministère, quand sa splendeur a été obscurcie au sein d'une nuit de vingt-cinq ans, après que toute hiérarchie est dissoute, toute coutume abolie, toute habitude rompue, toute tradition oubliée, en quel lieu, par quel mode irez-vous tenter d'ériger le siège de cet ascendant moral, de cette puissance intellectuelle, qui est revêtue du privilège d'enlever les volontés, sans se débattre avec les opinions, et d'épargner, par l'effet d'un assentiment bénévole, les frais, les retards, les périls de l'emploi de la force civile et militaire.

Les chambres se présentent seules sous ce rapport : merveilleuse invention par laquelle le sujet est fait citoyen, et se tenant comme associé commanditaire du législateur, accueille la loi au lieu de la subir.

Seulement il faut que la foi, le respect, admettent et consacrent au profit des chambres l'investiture de l'ascendant moral; et la foi, le respect, doivent appartenir d'origine ou être acquis par la conduite.

A l'égard de la conduite, on ne peut vanter l'une, on ne doit vanter l'autre qu'à demi : en tout cas, le temps aurait manqué.

Observons toutefois comment, en dépit de l'ordre naturel des choses, la conduite plus honorable de la chambre des pairs lui a réparti une autorité supérieure, lui a attribué une consistance prématurée.

Il est triste que son origine, que le mode de sa formation se soient trouvés impropres à concourir aux mêmes fins.

D'abord composée d'après la tradition des droits anciens et la convenance des faits existans, la chambre a été bientôt altérée par l'introduction subite de soixante et de trente pairs, dont les titres, au moins pour un grand nombre, ne s'étaient nullement rencontrés dans les prévisions de l'opinion publique.

Le premier délit étant resté impuni, a bientôt entraîné le second : tout acte toléré tourne en précédent, fait jurisprudence.

La force ne prévient point, ne réprime que pour l'instant; la force arrive trop tard et frappe après coup; la force aveugle en ses desseins, en imposant la crainte, provoque la vengeance : la force est bientôt surprise et domptée par l'opinion qu'elle enchaîna d'abord. La force est antagoniste de la durée.

Le principe de la vie sociale gît dans l'ascendant moral, et l'ascendant moral est dévolu par la puissance des temps, par le poids de l'exemple et de l'habitude, aux chambres législatives ; l'ascendant moral, en ce qui touche la consécration, la consolidation de l'ordre constitutionnel, est réservé à la chambre haute, institution éminente, immuable.

Or, toutes les fois qu'une nomination de Pairs ne paraît pas motivée par des causes légitimes, chaque fois qu'un ou plusieurs noms ne semblent pas indiqués par le mérite et les services, dans la même proportion que s'attache la défaveur aux intrus de l'arbitraire, la faveur se détache du corps qui garde le palladium de nos destinées.

Le roi absolu ne pouvait créer un gentilhomme, ne pouvait investir du renom et du crédit : et vous entendez que le contre-seing du ministre, au bas de quelque parchemin peut-être moisi, ou de quelque papier trop sale, sera capable d'imposer le caractère d'une magistrature toute morale.

Le Tout-Puissant même ne peut faire qu'il se soit écoulé un siècle, depuis les derniers douze mois : et vous entendez que ces existences, soudainement émises à la lumière et jetées sur les fleurs de lis, prendront aussitôt du poids.

Déja tant de fatalités poursuivent la chambre haute.

La nouveauté ! Qui de nous n'a pas frayé à l'égal avec un grand nombre de pairs, n'a pas tenu le pas au-dessus de quelques-uns : hier encore, ils étaient nos compagnons ; le droit de maîtrise ne s'acquiert que par la sanction du temps.

L'alliage! Qui de nous s'attendait à voir tels et tels promus à cette dignité? Qui de nous ignore par quelles voies sournoises, certains y sont parvenus? Deux ou trois générations suffiraient à peine pour que leur race soit lavée de la tache originelle. (*La pairie*: 1827.)

POST-SCRIPTUM.

Une page restant en blanc, se prête à recevoir une observation de quelque importance.

Dans certaines villes, le conseil municipal a décidé que, n'ayant pas à sa disposition les fonds nécessaires pour célébrer les fêtes nationales de juillet, il serait pourvu aux dépenses au moyen d'*une souscription volontaire.*

Et une lettre du maire a prévenu chaque habitant qu'un registre était ouvert à la mairie pour recevoir *son offrande patriotique.*

Or cette délibération est illégale, est inconstitutionnelle.

Elle est illégale, en ce que les cérémonies publiques doivent être faites au nom de la communauté urbaine, et par conséquent aux dépens de tous les membres, en juste proportion de leurs facultés : ce qui est toujours de facile exécution, soit en opérant des économies, soit en augmentant le tarif des droits d'entrée.

Au lieu que dans une souscription, dite volontaire, l'un subvient et l'autre ne subvient pas ; celui-ci restant au-dessous, celui-là s'élevant au-dessus de sa quote-part contributive.

Elle est inconstitutionnelle, en ce que l'invitation du corps municipal présente, à certains regards, le caractère d'une prescription, d'une obligation, à laquelle on peut se croire tenu ou contraint de se soumettre.

D'autant que l'expression d'*offrande patriotique* semble rejeter en dehors et mettre à part, les personnes qui n'y coopéreraient pas.

Dès lors ce n'est plus une cotisation, ainsi que des particuliers auraient pu l'ouvrir ; c'est, du moins pour quelques-uns, une contribution, une imposition.

Et, comme on sait trop, quoique la circonstance actuelle soit essentiellement différente de toute occurrence future, un précédent, quel qu'il soit, étant une fois établi, ne manque jamais à porter, sous un prétexte quelconque, des conséquences de plus en plus funestes.

C'est à quoi on devra songer dans la loi des attributions communales ; car il importe de prévenir de tels envahissemens.

A. PIHAN DELAFOREST,
IMPRIMEUR DE LA COUR DE CASSATION,
rue des Noyers, n° 37.

www.ingramcontent.com/pod-product-compliance
Lightning Source LLC
LaVergne TN
LVHW020300230826
846091LV00006B/2486

* 9 7 8 2 0 1 9 2 7 9 7 9 0 *